غوغِل غوغِل!

تأليف: خولة علي محمد

رسوم: شذا حوراني

ما هي احتياجات
الإنسان الأساسية ؟

وَقَفَتِ الْمُعَلِّمَةُ «نادْيا» بَيْنَ التَّلاميذِ وطَرَحَتْ عَلَيْهِمْ سُؤالًا، طَلَبَتْ إِلَيْهِمِ الإِجابَةَ عَنْهُ في الْمَنْزِلِ كَواجِبٍ لِلْيَوْمِ التّالي.

السُّؤالُ هُوَ: «ما هِيَ احْتِياجاتُ الإِنْسانِ الأَساس؟».

عادَ «رامي» إلى الْمَنْزِلِ وهُوَ يُفَكِّرُ بِسُؤالِ الْمُعَلِّمَة.

دَخَلَ المَطْبَخَ حَيْثُ كانَتْ أُمُّهُ مَشْغولَةً، وتُمْسِكُ هاتِفَها الجَوّال،
وسَأَلَها: «ماما، ما هِيَ احْتِياجاتُ الإِنْسانِ الأَساس؟».
ـ أوه يا «رامي»، ابْتَعِدْ قَليلًا أَرْجوكَ، أُريدُ أَنْ أَسْتَمِعَ بِدِقَّةٍ إلى
مَقْطَعِ الطَّبْخِ عَلى «يوتْيوب».

ـ لَكِنْ يا أُمّي، كَيْفَ أَعْرِف؟!
ـ اِبْحَثْ عَنِ الإِجابَةِ عَبْرَ «غوغِل»... «غَوْغِلْها»!

«لا فائِدَة!»، قالَ «رامي» في نَفْسِهِ مُتَوَجِّهًا نَحْوَ مَكْتَبِ أبيهِ.

ـ بابا، ما هِيَ احْتِياجاتُ الإنْسانِ الأَساسِ؟

ـ «رامي» يا بُنَيّ، ألا تَرى أَنَّني مَشْغولٌ جِدًّا؟ اِبْحَثْ عَبْرَ «غوغِل» ... «غَوْغِلْها».

«لا جَدْوى، سَأسْألُ أُخْتي راميَة»، قالَ «رامي» وهُوَ يَدْخُلُ الحَديقَة، حَيْثُ كانَتْ أُخْتُهُ وصَديقاتُها يَلْهَوْنَ عَبْرَ شَبَكَةِ الإنْتِرْنِت بِلُعْبَةِ سِباقِ الدَّرّاجات.

ـ «رامِيَة»، ما هِيَ احْتِياجاتُ الإنْسانِ الأَساس؟

ـ ألا تَرى أنَّني أقْضي وَقْتي مَعَ صَديقاتي؟ ابْتَعِد، و«غَوْغِلها»!

«لا بَأْس، سَأُغَوْغِلُها»، قالَ «رامي» وانْطَلَقَ إلى غُرْفَتِه.

وَهَكَذا، فَتَحَ «رامي» حاسوبَه، وكَتَبَ عَبْرَ مُحَرِّكِ البَحْثِ «غوغِل»:
«ما هِيَ احْتِياجاتُ الإنْسانِ الأساس؟».

وكَمْ كانَتْ دَهْشَتُهُ كَبِيرَةً حينَ كُتِبَ لَهُ إنَّ احْتِياجاتِ الإنْسانِ
الأساسَ هِيَ: الطَّعام، الشَّراب، اللِّباس والأمان!

Google
ماهي احتياجات الأنسان الأساسية؟

Google

«مُسْتَحِيلٌ، هَذَا هُرَاءٌ! لَنْ أَكْتُبَ هَذِهِ الإِجَابَة، الجَمِيعُ قَالُوا لِي: غُوغِلْها. إِذًا، الإِنْتِرْنِت هِيَ احْتِيَاجَاتُ الإِنْسَانِ الأَكْثَرُ أَهَمِّيَّة...

كَيْفَ سَتَكُونُ حَيَاةُ مَامَا بِلَا غُوغِل؟ كَيْفَ سَتَطْبُخُ لَنَا وَصَفَاتٍ جَدِيدَةً شَهِيَّةً؟

وَكَيْفَ سَيَكُونُ عَمَلُ بَابَا بِلَا غُوغِل؟ كَيْفَ سَيَحْصُلُ عَلَى مَعْلُومَاتٍ مُفِيدَةٍ لِعَمَلِهِ مَعَ الشَّرِكَاتِ الخَارِجِيَّة؟

وَكَيْفَ سَتَكُونُ حَيَاةُ المِسْكِينَةِ رَامِيَة بِلَا صَدِيقَاتٍ عَلَى الشَّبَكَة؟».

«ولَكِن... لَكِن...»، عادَ «رامي» إلى التَّفْكير: «هَلْ حَقًّا السَّيِّدُ غوغِل يَعْرِفُ كُلَّ شَيْءٍ؟

لا طَبْعًا، فَها هُوَ لا يَعْرِفُ كَمْ هُوَ مُهِمٌّ في حَياتِنا وضَرورِيٌّ. إذًا، سَأُدَوِّنُ هَذِهِ الإجابَةَ لِمُعَلِّمَتي، وأُخالِفُ السَّيِّدَ غوغِل!».

دَوَّنَ «رامي» مُلْحوظاتِهِ عَلى وَرَقَةٍ، وفي اليَوْمِ التَّالي قَدَّمَها إلى المُعَلِّمَةِ «نادْيا».

اِبْتَسَمَتِ الْمُعَلِّمَةُ حينَ قَرَأَتْ ما كَتَبَهُ «رامي»، أمّا إجاباتُ التَّلاميذِ الآخَرينَ، فَكانَتْ مُتَشابِهَةً طِبْقَ الأَصْلِ، إذْ إنَّ الجَميعَ «غَوْغَلوها».

فَقالَتْ بِصَوْتٍ هادِئٍ: «حَسَنًا، الجَميعُ فَعَلوها وغَوْغَلوها... لَكِنَّ رامي كَتَبَ إجابةً مُخْتَلِفَةً تُثيرُ الاهْتِمام؛ لَقَدْ كَتَبَ إنَّ الإِنْتِرنِت هِيَ احْتِياجاتُ الإِنْسانِ الأَكْثَرُ أَهَمِّيَّة. ومَعَ هَذا، فَإِنَّ السَّيِّدَ غوغِل لا يَعْرِفُ ذَلِك!

إِذًا، فَالسَّيِّدُ غوغِل لا يَمْلِكُ الإِجاباتِ الصَّحيحَةَ كُلَّها، وعَلى الإِنْسانِ أَنْ يَسْتَخْدِمَ عَقْلَهُ لِيَتَوَصَّلَ إِلى المَعْرِفَة. هَذا هُوَ الدَّرْسُ الأَكْثَرُ أَهَمِّيَّةً. فَالإِنْسانُ هُوَ مَنِ اخْتَرَعَ الإِنْتِرْنِت والسَّيِّدَ غوغِل، وهُوَ مَنْ يُزَوِّدُهُ بِالمَعْلوماتِ لِتَكونَ مُتاحَةً لِلجَميع... لَكِنَّكَ بِمُفْرَدِكَ تَسْتَطيعُ أَنْ تَعْرِفَ وتَتَعَلَّم، والسَّيِّدُ غوغِل هُوَ جُزْءٌ مِنْ عَمَلِيَّةِ المَعْرِفَةِ لا كُلِّها».

فَرِحَ «رامي»، وتَمَنَّى لَوْ يَسْتَفيدُ مِنْ هَذا الدَّرْسِ المُهِمّ، كُلُّ مِنْ أُمِّه، أَبيهِ وأُخْتِه، والَّذي لَنْ يَحْصُلوا عَلَيْهِ مَهْما بَحَثوا عَنْهُ في «غوغِل».